Jardinería

para niños

Índice

¿Qué es una planta?

¿Qué es una planta?

Todas estas cosas...

Es verde y crece desde el suelo.

Lo que me como en la ensalada.

La hierba sobre la que jugamos al balón.

Un árbol.

El balcón de casa está lleno.

Vamos a ver qué es lo que hace que las plantas sean vegetales:

Son verdes, rojas o azules.
Tienen hojas o pinchos.
Necesitan luz solar.

No pueden moverse. Se agarran al suelo por las raíces.

Nacen, crecen y se mueren...

Algunas viven ¡un montón!

7

Raíces

La raíz es la parte de la planta que absorbe del suelo el agua y los minerales disueltos. También necesita oxígeno para respirar. El Ciprés de los pantanos saca sus raíces a respirar porque vive en suelos muy encharcados.

← Raíz aérea.

Las raíces de la cebolla parecen los pelos de una fregona.

La zanahoria es una raíz muy gorda que tiene pelitos muy finos para absorber el agua.

¿Sabías que...?

Las raíces suelen extenderse más que la copa. Aunque el árbol sea alto, las raíces no ahondan más de 2 o 3 metros. Pero, ¡se extienden mucho!

Hojas

Fotosíntesis

Las hojas toman la energía del sol para convertir el agua y los minerales absorbidos por las raíces en alimentos para la planta y material para seguir creciendo.

hojas

hojas

Flores

¡Huelen estupendamente!

abejorros

Para llevar el polen, las plantas necesitan del viento, la lluvia, las abejas, abejorros, moscas, mariposas, pájaros, murciélagos, ratones y hasta babosas.
¡La mayoría ni se entera de que está haciendo ese trabajo!

La flor es la parte de la planta que "fabrica" las semillas; estas darán vida a nuevas plantas muy parecidas a sus padres...

polen

semillas

Hay muchísimos tipos de flores, pero en todas hay una parte que fabrica el polen —parte masculina—, y otra que lo recibe y hace las semillas —femenina—.

mariposas

¡Está rico!

abejas

murciélagos

ratones

Las plantas se visten con pétalos de colores brillantes y fabrican una golosina que se llama néctar.

Cuando viene el bicho polinizador a chupar el néctar, se mancha de polen y lo transporta a la flor de al lado.

Frutos y semillas

Cuando las flores empiezan a estropearse, va engordando el fruto, y dentro, las semillas.

← caca

Los frutos carnosos suelen ser comidos por animalillos. Sus cacas "siembran" las semillas que estaban dentro del fruto.

Algunos frutos se nos agarran cuando paseamos por el monte. Se llaman cardillos o "arrancamoños".

El diente de león crece en los prados. Sus flores se parecen a margaritas de color amarillo, y se transforman en un fruto con muchas semillas con alas, que al soplar con fuerza, se despegan y salen volando.

← vilano

A estas flores también se les llama "meacamas", porque se dice que si las coges, te harás pis en la cama por la noche...

¿Cómo se las arreglan las plantas para tener plantas hijas?

Cuando veas una flor piensa que se transformará en un fruto con semillas dentro. Igual que si ves una mujer embarazada en invierno, sabes que la verás con un niño en brazos en el verano siguiente.

La semilla madura cae al suelo y crece con la lluvia...

Algunas plantas fabrican plantitas en el borde de las hojas. Otras avanzan bajo tierra, como las fresas, los rizomas, los tubérculos o los bulbos.

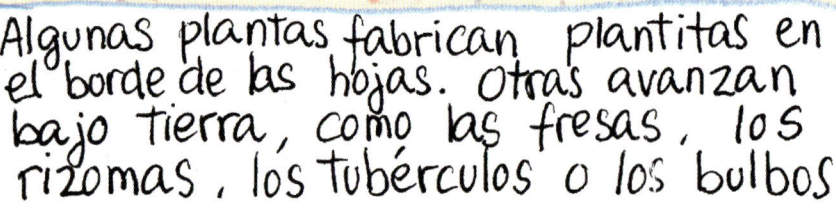

fresa

lirio

Cuando cultivemos una planta que viene de lejos, debemos intentar que se sienta como en su casa.

Las plantas que vienen de otro sitio tienen que aprender a vivir en nuevas condiciones: por ejemplo, con más frío y con más lluvia. Si es un cactus del desierto no lo pongamos en un jardín donde llueva a mares...

Mejor tenerlo dentro de casa, calentito en invierno, y regarlo poco.

Plantas viajeras

Siempre que el ser humano fue a lugares lejanos, encontró plantas que no conocía. Entonces pensó traer esas plantas e intentar que creciesen en su país.

Marte

Fábricas de plantas

Las plantas que encontramos hoy
en un jardín o en las tiendas vienen
de los viveros, que son como "fábricas"
de plantas.

En esas "fábricas", los "ingenieros"
saben lo que necesita cada planta
desde que nace hasta que está a
punto para que la compres tú.
El invernadero nos ayuda a criar
las plantas que tenemos en
casa o en el jardín.

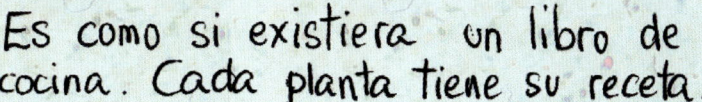

Es como si existiera un libro de cocina. Cada planta tiene su receta.

En un vivero moderno, podemos cultivar en cualquier parte plantas de lugares lejanísimos. ¡Casi como allí mismo!

Hay flores de verano,
de entretiempo...
de primavera,
de otoño,
de invierno.

22

40

Los 40 principales del tiesto y del jardín

Hay plantas estupendas... son como canciones de moda...
¡te las encuentras por todas partes!

Flores de primavera-verano

Algunas crecen silvestres
en los prados,
otras las cultivamos en tiestos.

El geranio huele muy bien.

Alegría

Petunia

Geranio

Tagete

Margarita

Begonia

El girasol da unas pipas riquísimas.

Girasol

Dalia

Rosa

¿A que en otoño o en invierno
no ves muchas flores?

Pues las hay a montones

y preciosas.

Boca de dragón

Las prímulas
son un regalo del campo...

Pensamiento

Flores de otoño - invierno

¡Qué decoración más bonita!

Muchas de estas plantas crecen de raíces o semillas escondidas bajo tierra y protegidas así del frío.

Crisantemo

¡Mi color favorito!
Ciclamen

Violeta

Bulbos

Son una especie de cebollitas de las que salen hojas y flores preciosas ...

Narcisos

Anémonas

Freesias

Jacintos

Las cebollas se conservan de un año para otro.

Crocus

gladiolos

Calas

Yo soy holandés.

Tulipanes

Cactus y plantas crasas

Hay un montón de tipos de cactus:

Bolas de pinchos: Con pelos / Sin pinchos / Con flores

Colomnas de pinchos: Con pelos / Sin pinchos / Con flores

¡Somos jardineros! ¿Qué necesitamos?

¿Qué necesitamos?

Para dedicarnos a la jardinería, necesitamos luz, tierra y... claro, ¡plantas!

Si no tenemos un jardín, necesitaremos tiestos o algo donde podamos poner tierra.

Esto de las plantas mancha bastante; así que conviene limpiar, a fondo, todo lo que haya quedado sucio.

Luz

Sin luz las plantas no pueden vivir. Es la energía que convierte lo que absorben por las raíces en alimento.

En los sitios más oscuros de la casa, habrá plantas que vivían en los bosques o a la sombra.

Podemos tener plantas en una habitación que tenga una ventana.

Delante de las ventanas encontraremos los sitios más luminosos. ¡No es lo mismo una ventana orientada al Sur, que al Norte!

En el jardín habrá zonas de sol y de sombra. En cada una criaremos distintos tipos de plantas.

 # Mira lo que pasa...

...si una planta no
tiene suficiente luz

Cuanta más luz haya,
más grandes crecerán
las hojas. Si una planta
no tiene luz, se estira
buscándola y se ahíla,
porque crece como un hilo.

...Si pruebas a poner
dos plantas iguales en
distintos sitios

Por ejemplo, una delante
de una ventana... con
mucha luz...

Y otra en el pasillo...
Verás que las dos plantas
iguales tienen una pinta
muy distinta. ¿Qué te
parece que ha pasado?

¿Sabías que...?

Hay gente que cree que de noche, mientras dormimos, si tenemos plantas en el dormitorio nos quitan el oxígeno. Pero para que nos quitaran tanto oxígeno como otra persona, habría que tener el dormitorio como la selva tropical...

Tierra

← Aterrizaje

Terrón

Las plantas necesitan la tierra para sostenerse, ¡si no se caerían!, y para absorber por las raíces el agua y los minerales que les hacen crecer.

Si sales al campo, coge tierra del borde de algún camino, o del bosque... Mézclala luego en casa con tierra comprada.

Topo

Mira lo que pasa si...

Pon a crecer dos plantas iguales en dos tierras diferentes. Una de un saco comprado y otra de una mezcla hecha con tierra recogida por ahí...

Vemos que la tierra es muy importante, porque de ella "come" la planta.

En las tiendas y centros de jardinería venden tierra en sacos. Hay de distintos tipos: una es mejor para cactus, otra para plantas de interior, etc...

Macetas...
o algo parecido

Cuida el drenaje de tus tiestos, si no las raíces se pudrirán.

Las macetas son cualquier cosa donde se pueda tener tierra, y que deje salir el agua que sobra al regar. Siempre hemos de hacer uno o varios agujeros en el fondo.

Drenaje →

Para sembrar plantas pequeñas usaremos envases de yogur y cuajada, o latas.

Para plantas mayores, cogeremos botellas de leche, latas de pintura o pucheros viejos.

una cazuela vieja

Invéntate la maceta más rara...

un tronco hueco

un neumático usado

una cáscara de coco

Mira lo que pasa si...

Pones dos plantas iguales en dos vasijas transparentes, tapando una con papel de aluminio.

A las cuatro semanas, saca con cuidado las dos plantas para ver las raíces.

Las raíces de la planta forrada son mayores y las hojas más grandes. Les gusta más la oscuridad.

¿cómo multiplicarlas?

Cuando decimos multiplicar plantas no hablamos de la tabla del siete. Es como hacer magia. Quiere decir que teniendo una planta, o solamente tomando un trozo o sus semillas, podemos conseguir muchas plantas.

Para tener una preciosa colección de plantas, no es necesario comprarlas. ¡Los jardines existían antes de que se inventaran las tiendas!

Ya sabemos un poco sobre la forma de reproducirse las plantas, así que podemos pasarlo muy bien buscando semillas, plantando esquejes y cambiando nuestras plantas con las de otras personas.

¡Buscando semillas!

En casa, en el parque o en macetas, puedes encontrar cantidad de semillas. Tienes que buscar algo que no es ni hojas, ni flor, sino el fruto o las semillas.

castaña

almendra

garbanzo

Hay que saber esperar a que el fruto esté maduro. Recoge siempre los frutos y semillas secos, cuando ya estén de color marrón y abiertos o, si son carnosos, cuando estén como pasas.

A veces hay una sola semilla en cada fruto, a veces miles...

Cómo despertar a las semillas

En casa las haremos germinar sobre algodón húmedo o sobre tierra bien regada.

Otras sólo germinan si el suelo está calentito, así que las pondremos en el borde de una ventana soleada o cerca de un radiador.

Algunas necesitan romper cáscaras muy duras. Si es un hueso podemos abrirlo, o lijar un poco la semilla para ayudarla.

Puede ser que prefieran estar en la oscuridad. Las taparemos con tierra, algodón húmedo u otra cosa que no deje pasar la luz.

Paso a paso

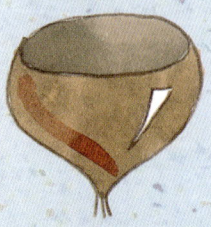

LLamamos semillas grandes a las que son como alubias, o mayores. Vamos a ver qué haríamos con una castaña.

1 Elijo las semillas. Tiro las que tienen "visitantes", o sea, tienen un agujerito. O están secas o podridas.

2 Les preparo la cama. En un plato con agua pongo un trozo de algodón, que así estará siempre húmedo; pero no "buceando" en el agua, porque la semilla necesita aire para respirar.

3 Acuesto las semillas y las tapo. Pongo mis castañas sobre el algodón y las tapo con otro trozo. Cubro todo con un bote de plástico para que no se sequen tan rápido.

4 Busco un sitio calentito. Si es invierno, cerca del radiador, sin quemarla. También cerca de una ventana con sol.

Germinar una semilla grande

Las visito todos los días. Siempre tiene que haber un poco de agua en el fondo del plato. Destapo la semilla para ver si ha despertado.

5

Sabré que la semilla despierta en cuanto vea que sale una puntita blanca. Le deshago la cama y pongo un tiesto con tierra.

6

Cambiamos de casa. La acuesto en una maceta y la tapo con una capa de tierra igual de gorda que la semilla.

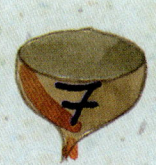

7

La tratamos con mucho mimo. Acaba de nacer, es una bebita. La tendremos cerca del calor y la regaremos con mucho cuidado para que el agua caiga con suavidad.

8

Paso a paso

Semillas pequeñas son las que son menores que una alubia. A estas les haremos una cama en tierra, desde el principio, para no romper sus raíces.

La cama será un recipiente plano, con tierra siempre bien húmeda.

Los pasos a seguir con las semillas pequeñas son los mismos que con las grandes, pero con algunas variantes...

Echa las semillas en tierra como si fuera sal. Tápalas un poco con tierra sólo si son bastante gordas.

Riega siempre con pulverizador.

Cuando aparezcan unos puntitos blancos o verdes, espera un poco más... Sácalos con la mano, y pon una sola planta en cada tiesto. A esto se llama "repicar".

Germinar semillas pequeñas

Con un boli o una cucharilla abre un agujero y mete las raíces. Con los dedos cierra el agujero sin apretar para no romper las raicillas...

Hagamos nuevas plantas cortándoles el pelo

Imagínate que te cortan el pelo y que cogen cada pelo tuyo y lo pinchan en tierra, o lo ponen en un frasco con agua.

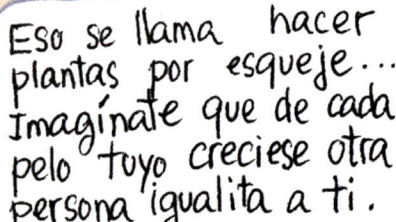

Eso se llama hacer plantas por esqueje... Imagínate que de cada pelo tuyo creciese otra persona igualita a ti.

esqueje

Este trocito de planta es capaz de formar raíces en poco tiempo. Hemos de cuidarlo mucho hasta que lo consiga...

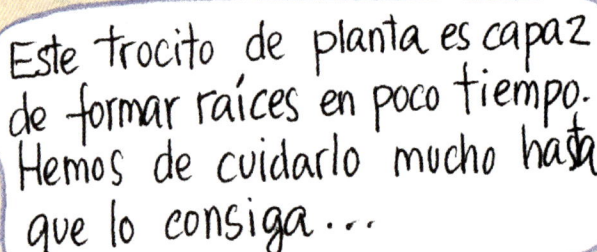

Algunos esquejes echan raíces sin hacerles caso, otros son más difíciles y necesitan la ayuda de unos productos especializados.

Un esqueje de geranio se convertirá en un geranio igual que la planta que hemos cortado.

Lo más fácil para nosotros es poner los esquejes en agua, pero también se pueden pinchar en tierra.

Las malas hierbas

Las "malas hierbas" no son venenosas, ni muerden o ponen la zancadilla. Ni siquiera son más feas que las demás. Algunos les llaman "malas" porque crecen donde ellos no quieren que crezcan.

Cuidamos las plantas

El riego

Las plantas necesitan agua. Pero no a todas les gusta estar igual de mojadas. Si la tierra tiene mucha agua, la planta se ahoga. Las raíces necesitan aire...

Todos los tiestos tienen un agujero para que salga el agua sobrante.

Mira lo que pasa si...

Hay que esperar a que la planta nos pida agua. La mojaremos y dejaremos que la tierra tire el agua que le sobre...

Coge tres plantas con un tiesto que quepa en un peso y apunta cuánto pesan antes de regarlas. Vamos a regar las tres de distinta forma.

1

Mete la planta en un balde con agua y deja que la chupe.

2

Échale agua poco a poco, parando cuando se haga un charco.

3

Échale agua sin parar, hasta que salga el agua por el agujero de drenaje.

4

Pesa las 3 plantas. ¿Cuánta agua ha bebido cada una de ellas?

Paso a paso
para regar bien

1 La planta nos pide agua. Tiene la tierra seca y las hojas están caídas y tristes.

2 Mojamos bien la tierra. Meto la maceta en un cubo con agua y la dejo un rato. Voy echando agua hasta que sale por el agujero del fondo.

3 Saco el tiesto del agua y lo meto en el lavabo para que tire el agua que sobra. Pongo la planta en su sitio, encima de un platito.

4 Limpiamos todo bien. Quitamos la tierra del lavabo y las gotas del pasillo. Como la planta no nos puede ayudar, nos toca limpiar a nosotros...

Abonar

Las plantas comen por sus raíces una "sopa" hecha de agua y minerales de la tierra. Cuando esos minerales se acaban... ¡Tenemos que abonar!

Hay abono líquido para mezclar con el agua de riego.

Hay abono en polvo o en gránulos para mezclar con la tierra.

El mejor abono es el estiércol. Caca de vaca, caballo o cabra, bien seca.

Si cambio la planta de maceta o echo más tierra encima, también estoy abonando.

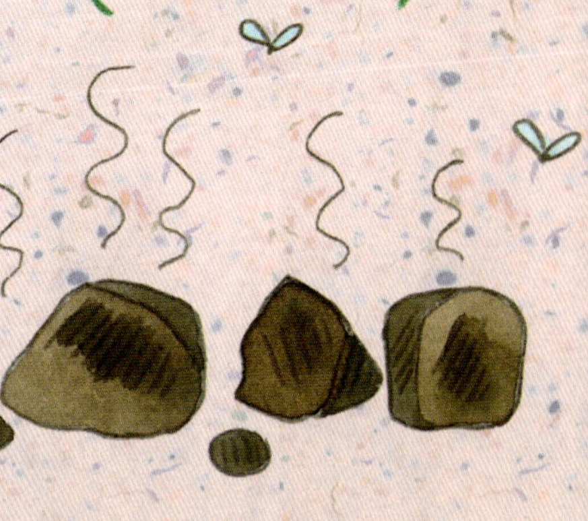

(estiércol)

Paso a paso
Trasplantar

1 ¿Cuándo? Cuando las raíces se salen por el agujero del drenaje o al sacar el tiesto están las paredes llenas de raíces.

2 Cojo un tiesto más grande y meto dentro el viejo. Calculo a ojo cuánta tierra tengo que echar abajo y la pongo sin aplastarla.

3 Saco la planta de su tiesto y la coloco en el nuevo. Relleno con más tierra, sin aplastar.

4 Riego y si después de regar queda mucho sitio libre, relleno con más tierra.

Poda

Podar es cortar ramas con una tijera. Podamos las plantas y árboles para darles la forma que nos gusta. Los frutales se podan para que den más fruta.

Con algunos arbustos se hacen esculturas verdes. Son buenos para podar.

Si en las plantas de casa nos queda un palo largo sin hojas hasta el final... ¡Usa la tijera! Corta la punta y le crecerán nuevas ramas enseguida.

Injertos

Hacer un injerto es pegarle a una planta (normalmente un árbol) una rama de otro árbol. Así puedo tener árboles que den limones, naranjas y mandarinas, o peras, melocotónes, paraguayos y ciruelas. ¡Podíamos llamarles árboles frutero!

El injerto de corona se hace colocando una ramilla cortada en bisel debajo de la corteza y cubriendo luego todo con una resina especial para proteger la herida.

bisel →

Cuando mi planta está fea

¿Por qué se le caen las hojas de abajo? ¿Por qué se pone amarilla? ¿Por qué tiene manchitas en el tallo? La respuesta a estas preguntas es: YO QUÉ SE...

Algunas plantas se ponen feas para llamar la atención sobre la forma en que las estamos cuidando...

No te olvides de que las plantas son seres vivos... que se ponen enfermas. Mímalas y escucha lo que te dicen.

Escuchemos lo que nos dicen :

¡Que me ahogo!

Las hojas están tristes y no se recuperan al regar. Los tallos se ponen blandos y oscuros. Si tiro, arranco la planta fácilmente. Las raíces se están pudriendo y la tierra está muy húmeda. ¡Déjala que se seque!

Comprueba que tiene agujero de drenaje. Si ya está podrida, ¡no hay nada que hacer!

¡Más agua, por favor!

Las hojas están tristes pero se recuperan al regar. La planta crece muy poco o con hojas pequeñas. ¡La tierra está seca!

¡Riégala rápido!
Si te pasa a menudo, cambia la maceta. Si es demasiado pequeña, por eso se queda sin agua rápidamente.

¡Tengo demasiada luz!

La planta no crece y las hojas y sus bordes se ponen marrones. ¡Las hojas también se queman!

Cámbiala de sitio. Si está dentro de casa, ponla más lejos de la ventana. Si está en el jardín o la terraza, búscale un sitio de sombra.

¡Bbrrr... qué frío!

No crece, las hojas se oscurecen y se caen. En el jardín pon las plantas más delicadas cerca de los muros, o cúbrelas con un plástico.
Hay plantas que aguantan bien el hielo, otras mueren.

¡No hay quien aguante este calor!

Las hojas se ponen tristes y la tierra está húmeda. No tiene suficiente con lo que chupan las raíces y puede morirse.
¡Llévala a un sitio fresco!

Si en tu casa hay calefacción, el aire se "seca" mucho. Aléjala del radiador y ten un cacharro con agua al lado para que dé humedad al ambiente.

¡Estoy empachada!

Cuando tiene demasiado abono, la planta crece muy alta, con las hojas muy separadas y de color oscuro. Parece que tiene sal sobre la tierra.

No le des tanta comida y riégala mucho para que salga el abono que sobra, con el agua, por el drenaje.

¿A qué hora se come aquí?

La planta casi no crece, las hojas de abajo se ponen cada vez más amarillas y se caen. Abónala más a menudo o cámbiala a una maceta mayor.

Enfermedades

Enfermedades

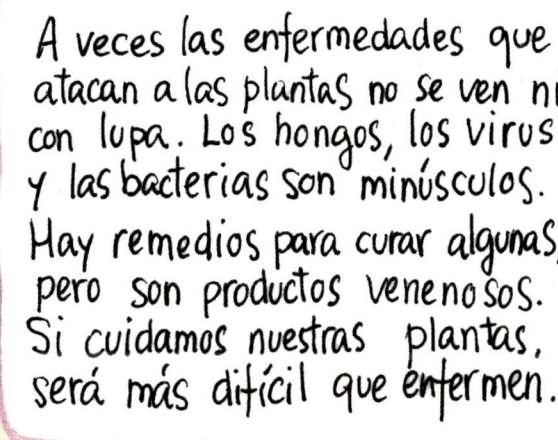

A veces las enfermedades que atacan a las plantas no se ven ni con lupa. Los hongos, los virus y las bacterias son minúsculos.

Hay remedios para curar algunas, pero son productos venenosos. Si cuidamos nuestras plantas, será más difícil que enfermen.

Los virus y las bacterias son más peligrosos que los hongos, porque no existen "medicinas" contra ellos.

La roña es otro hongo que crece como un polvo rojizo. Parece que las hojas se han enroñado.

Si las manchas son negras, es un hongo que se llama carbón.

Si la planta se pudre o se seca, es que tiene alguna enfermedad en las raíces.

El mildiu y el oidio son dos hongos que crecen sobre las hojas como un polvillo blanco.

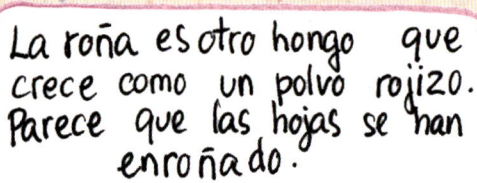

74

¡Tenemos visita!

Los caracoles y limacos o babosas son los visitantes más desagradables para las plantas. Aparecen en el jardín o la terraza y en una noche de lluvia se zampan plantas enteras. Algunas plantas les chiflan, otras ni las prueban.

¡Excelente!

¡Suculenta!

¿Qué se puede hacer contra ellos?

Cazarlos y cocinarlos. Se esconden debajo de las hojas o en el tiesto. Pero dejan un rastro de moco o unas cacas largas como señal.

¡Son unos borrachines! Ponles un plato con cerveza y podrás cazarlos cuando vengan a bebérsela. No les gusta la ceniza, échala alrededor de las plantas que quieras salvar.

¿Sabes que son capaces de andar por el filo de una cuchilla de afeitar? No se cortan gracias al moco.

¡Tenemos visita!

Otros visitantes a los que les encanta comer "ensalada" son las orugas.

Hacemos agujeros en las hojas y túneles en los tallos.

Somos grandes o minúsculas. Sabrás de nosotras por las cacas pequeñas y redondas, debajo de la planta.

agujerito delator →

mordisco

Salen de huevos que han puesto en las plantas mariposas o moscas.

cacas redondas →

¿Qué puedo hacer para controlar estos visitantes indeseables?

Puedo criarlas como si fueran gusanos de seda y ver cómo se transforman en mariposas. Les daré de comer lechuga...
¡Cuidado con las orugas peludas, no las toques con la mano!

Échales encima agua con jabón de fregar o ceniza.
Haz una "sopa" cociendo colillas viejas, pulveriza sobre la planta.

¡OJO! Las lombrices no son orugas, no hacen ningún daño a las plantas y airean la tierra. ¡Hay que tratarlas bien!

lombriz

¡Tenemos visita!

Cuando creíamos que nuestra planta estaba sana, descubrimos que tiene una invasión de pequeños seres: los pulgones.

Los pulgones pueden ser: verdes, negros o blancuzcos, con alas y sin alas. Son como pulgas gordas, y chupan la "sangre", la savia de la planta, la dejan débil y sin fuerza y además transmiten un montón de enfermedades.

Para que se marchen estos visitantes, puedo echarles por encima agua con jabón de fregar o ceniza. O cortar los brotes con pulgones y tirarlos a la basura.

Los pulgones se mueren de miedo si ven una mariquita. Tanto a las rojas como a las amarillas, les encanta comer pulgones crudos. Cuantos más mejor...

¡Tenemos visita!

Las cochinillas son un poco cochinas. Parecen una porquería pegada, porque se agarran como lapas al tallo o debajo de las hojas. ¡Vaya visitas más desagradables!

La araña roja es un bicho muy pequeño que suele correr como una loca y que, como va de rojo, es inconfundible. También veremos los hilos de sus telas.

A veces al mover las hojas salen volando un montón de mosquitas blancas... Como los pulgones, también pican a la planta. Lo hacen por detrás de las hojas, que se ponen amarillas. Y contagian enfermedades.

Hay moscas negras muy pequeñas que aparecen sobre la tierra húmeda. De sus huevos saldrán gusanillos blancos.

Las moscas no se hacen muy simpáticas...

Las musarañas, los topos, los erizos y los murciélagos se comen miles de limacos, caracoles, gusanos e insectos. Las ranas, sapos y culebras se alimentan de insectos y limacos.

Grandes ayudantes

Muchos pequeños animales e insectos se comen a los visitantes desagradables. Pero al usar venenos contra las plagas, también los matamos.

Ya hemos hablado de las mariquitas; otros escarabajos, avispas, libélulas, hormigas y tijeretas nos ayudan a controlar las visitas indeseables. ¡Protégelos!

Grandes ayudantes

Los pájaros se comen nuestras cerezas o pican las frutas...

pero también comen kilos y kilos de insectos, caracoles, limacos y semillas de malas hierbas que nos perjudican. ¡Una cereza a cambio de quinientos gusanos!

Hagamos un pequeño jardín

No todas las plantas quedan bonitas si se juntan. Para decidir si pongo o no una planta en mi jardín, me fijaré en su forma y tamaño, en el color de las hojas y de las flores y en cuándo florece.

Así puedo tener flores todo el año y juntar las plantas altas y las bajitas, las oscuras y las claras, y que todas se lleven bien.

Hagamos un pequeño invernadero

Un invernadero es una casita con las paredes y el techo de cristal o de plástico para que entre la luz del sol!
Un cajón tapado con una ventana vieja puede ser un invernadero.

Las plantas que viven en invernadero crecen más deprisa porque tienen mucha luz y las paredes y el techo no dejan escapar el calor.

En la terraza puedes tener pequeños invernaderos. Necesitas un plástico transparente y "algo" para sujetarlo. Por ejemplo: unas perchas o unos palos unidos con una cuerda.

Este es un invernadero para plantas independientes: un tarro de cristal. Ponlo al sol sólo en días fríos, si no con el calor las plantas se cuecen.